Daniel Kreis-Chaloun

Das christliche Verständnis der Ehe

Daniel Kreis-Chaloun

Das christliche Verständnis der Ehe

Eine Begründung der Ehe aus biblisch-theologischer Sicht

Fromm Verlag

Imprint

Cover image: www.ingimage.com

Publisher:
Fromm Verlag
is a trademark of
International Book Market Service Ltd., member of OmniScriptum Publishing Group
17 Meldrum Street, Beau Bassin 71504, Mauritius

Printed at: see last page
ISBN: 978-613-8-35138-2

Daniel Kreis-Chaloun

Das christliche Verständnis der Ehe

Eine Begründung der Ehe aus biblisch-theologischer Sicht

Inhalt

Einleitung

Die Ehe als der vor Gott und der Gemeinde geschlossene Bund zwischen Mann und Frau verliert in unserer Zeit immer mehr an Bedeutung. Sie wird verdrängt von anderen Formen des Zusammenlebens der Geschlechter, angefangen bei losen Sexualkontakten über das Konkubinat bis hin zu gleichgeschlechtlicher Partnerschaft. Als Christen sind wir aufgerufen, dem gesellschaftlichen Trend durch unser eigenes Vorbild entgegen zu steuern. Andererseits wollen und sollen wir der Gesellschaft gegenüber eine Antwort haben, die unser Verhalten begründet und sich aus Gottes ewiger Ordnung und seiner Schöpferabsicht herleiten lässt. Es ist so, wie Klaus Bockmühl in seiner Einführung in die Ethik feststellt: *„Von neuem liegt der Druck auf den Christen, sich einerseits durch ihren Lebensstil von der heidnischen Umwelt zu unterscheiden, andererseits ihr ein Zeugnis zu sein."*[1] Wir können nur Zeugen sein, wenn wir um die Pfeiler der göttlichen Ordnung wissen und Antworten auf die Fragen haben, die an uns herangetragen werden: Woher kommt eigentlich die Einrichtung der (christlichen) Ehe? Warum sollen wir nicht ohne Eheschließung zusammen leben? Was ist gegen eine Lebensabschnitts-Partnerschaft einzuwenden? Warum sollen nicht auch gleichgeschlechtliche Partnerschaften einer Ehe gleichgestellt werden können? Diese und dergleichen Fragen mehr fordern uns Christen auf, uns über die Absichten des Schöpfers und die Zusammenhänge in der Beziehung zwischen Gott und Mensch und innerhalb der Ehe Gedanken zu machen, wenn wir nicht nur einer christlichen *Tradition* folgen wollen. Genau dies möchte ich mit der vorliegenden Abhandlung verfolgen. Ich will eine klare

[1] Klaus Bockmühl, Christliche Lebensführung. S. 3.

biblisch-ethische Begründung für die Ehe liefern und gleichzeitig ihre Ausschließlichkeit in Bezug auf das Zusammenleben der Geschlechter darstellen. Die Arbeit soll eine Hilfestellung geben, wie wir eine vom christlichen Glauben her begründete Haltung in dieser Frage den Trends der Zeit gegenüberstellen können.

Ich wage sogar zu behaupten, das christliche Eheverständnis hebe sich ab von der rein standesamtlich geschlossenen Ehe, in der ein Mann und eine Frau ein gesetzlich geregeltes Verhältnis zueinander eingehen. Dazu meint Huntemann: *„Viele, die eine sogenannt ‚standesamtliche' Ehe schließen, werden sich gar nicht darüber im Klaren sein, was eine Ehe überhaupt ist. Es fehlt also die Intention für eine Ehe. Sehr oft werden beide Partner der Meinung sein, dass sie ausschließlich eine rechtsverbindliche Partnerschaft, aber nicht eine Ehe im Sinne des biblischen Ethos eingehen. So lässt die gegenwärtige ‚staatliche Eheauffassung' die Frage offen, ob zivilrechtlich geschlossene Ehen überhaupt im Urteil des biblischen Ethos zu verstehen sind.“*[2] Auch wenn diese Auffassung Huntemanns als extrem erscheinen mag, so ist sie unter strenger Berücksichtigung des biblisch begründeten Eheverständnisses doch berechtigt. Allerdings muss man sich bewusst sein, dass in der Konsequenz dieser Aussage viele neue Fragen gerade in Bezug auf Ehescheidung und Treue im säkularen Rahmen entstehen können. Das so zitierte Eheverständnis geht ja auch einher mit der heute allgemein feststellbaren Abwendung vom biblischen Ethos zu einem positivistischen Ansatz, bei dem letztlich die Gesellschaft das Gesetz formuliert oder anders ausgedrückt eben dieses Gesetz aufhebt, weil sich die Gewohnheiten der Masse so oder so geändert haben und ein Gesetz „veraltet“ ist. In Anbetracht

[2] Georg Huntemann, Biblisches Ethos im Zeitalter der Moralrevolution. S. 474.

dieses faktischen Werterelativismus kann ein biblisches Ethos nur noch schwer aufrecht erhalten werden. So muss bei allem Bemühen um ein biblisches Ethos in erster Linie die Botschaft des Evangeliums von Buße, Bekehrung und Wiedergeburt verkündigt werden. Nur wer in das Reich Gottes hineingeboren ist, bekommt geöffnete Augen für die ewigen Wahrheiten des Wortes Gottes. Da jedoch auch für bekehrte Christen das Eheverständnis der Bibel nicht immer einsichtig ist, erhält eine Begründung desselben sicherlich eine Berechtigung. Ich möchte selbst die Möglichkeit nicht ausschließen, dass Gott auch durch eine klare Darlegung der Ehe aus biblischer Sicht Menschen überführen und zur Umkehr leiten kann. Auf jeden Fall sind wir als Christen aufgerufen, ein gutes Zeugnis von unserem Glauben abzulegen (vgl. 1. Petrus 3, 15), und dazu gehört m.E. auch unsere Haltung in der Frage des Zusammenlebens von Mann und Frau. Dann aber ist von uns mehr als ein unfundierter Erklärungsversuch gefordert oder gar die Berufung auf eine „christliche Tradition".

Ich hoffe, mit dieser Schrift unsere eigenen Grundlagen in diesen Fragen zu festigen und gleichzeitig eine Hilfe für die christliche Gemeinde anbieten zu können, die ebenfalls ihre Haltung begründen möchte.

1. Die Schöpfungsbestimmung

1.1 Die Zuordnung von Mann und Frau

Gott schuf den Menschen als Paar in gegensätzlich-komplementärer Wesensart (1. Mose 1, 27) bzw. stellte dem männlichen Adam eine weibliche Hilfe gegenüber (1. Mose 2, 18 – 23). Von daher gibt es keinen „Menschen an sich“, sondern der Mensch ist immer entweder Mann oder Frau[3], aber nie beides oder gar ein neutrales Mittelwesen, wie es uns der Sprachgebrauch beim *Kind* zu suggerieren scheint. Er ist von Anfang an in einer Gegensätzlichkeit geschaffen, die wiederum nach Ergänzung verlangt. So ist in einem Mann also immer nur ein Teil des menschlichen Wesens enthalten, und ebenso ist die Frau in sich nicht das volle menschliche Wesen, und doch ist jeder für sich wieder ganz Mensch. Vielleicht spüren wir in diesem scheinbaren Widerspruch etwas von dem Geheimnis, das in Gott selbst verborgen ist. Natürlich ist ein Mann bzw. eine Frau nicht nur ein halber Mensch, sondern sie sind beide voll und ganz Mensch, und doch sind sie von ihrer Schöpfung her in diese Ergänzungsbedürftigkeit gestellt. Als Abbild des trinitarischen Gottes (1. Mose 1, 26), der uns in der Dreieinigkeit von Vater, Sohn und Heiligem Geist der eine Gott ist, stellt auch der Mensch erst in dem ergänzenden Gegenüber von Mann und Frau den ganzen Menschen dar. Mann und Frau sind so von Anfang an aufeinander angewiesen, sich je als Mann und Frau zugeordnet.

Auch ohne besondere schöpfungstheologische Kenntnisse lässt sich die natürliche Zuordnung von Mann und Frau ohne Mühe erkennen. Sie ist in dem Sinne *orthos logos* [4], der richtigen Vernunft entsprechend, nur schon

[3] vgl. Karl Barth, Dogmatik III/4. S. 129.
[4] vgl. Helmut Burkhardt, Einführung in die Ethik. S. 42.

rein durch die physische Beschaffenheit von Mann und Frau, insbesondere der Geschlechtsorgane, die speziell zur Vereinigung eines männlichen mit einem weiblichen Menschen beschaffen sind. So gesehen liegt die Zuordnung von Mann und Frau auch im Naturrecht vor. Diese *vernünftige* Zuordnung wird ergänzt durch das Verlangen nach Ergänzung bzw. dem Trieb der verschiedenen Geschlechter zueinander, der in der Regel in jedem Menschen heranwächst.

Wie wir später noch ausführlicher betrachten werden, ist diese Zuordnung auch von *je einem* Mann zu *je einer* Frau gedacht. *„Indem Adam eine Frau – und nicht mehrere – als sein Gegenüber bekommt, ist die Ehe monogamisch konstruiert.“* [5] Gott schuf dem Adam *eine* Gehilfin, und nicht zwei oder mehr. Sie ist die speziell ihm zugeordnete Frau.

Wo eine Ordnung gegeben ist, besteht durch das sündige Verhalten des von Gott abgefallenen Menschen auch immer die Gefahr, dass diese Ordnung durchbrochen bzw. durch eigenwilliges Verhalten umgedeutet wird. So hat Gott den Menschen nebst der aus der Schöpfung ersichtlichen und auch zugesprochenen Ordnung noch besondere Gebote, die das Zusammenleben der Geschlechter untereinander ordnen, mit auf den Weg gegeben. Ausführliche Anweisungen finden sich z.B. in 3. Mose 18 und 20. Das Abweichen von der gegebenen Zuordnung Mann – Frau bzw. *ein* Mann – *eine* Frau ist aus biblischer Perspektive immer als Perversion (Verdrehung) zu betrachten. Nach neutestamentlicher Auffassung ist die Verdrehung der Ordnung eine Folge des Abfalls von Gott, dessen Gebot nicht mehr wahrgenommen wird, wenn der Geber und Schöpfer desselben nicht mehr erkannt bzw. anerkannt wird. *„Denn obwohl sie von Gott wussten, haben sie*

[5] J. Cochlovius, ELThG, S. 471.

ihn nicht als Gott gepriesen noch ihm gedankt, sondern sind dem Nichtigen verfallen in ihren Gedanken, und ihr unverständiges Herz ist verfinstert. [...] Darum hat sie Gott dahingegeben in schändliche Leidenschaften; denn ihre Frauen haben den natürlichen Verkehr vertauscht mit dem widernatürlichen; desgleichen haben auch die Männer den natürlichen Verkehr mit der Frau verlassen und sind in Begierde zueinander entbrannt und haben Mann mit Mann Schande getrieben und den Lohn ihrer Verirrung, wie es ja sein musste, an sich selbst empfangen. Und wie sie es für nichts geachtet haben, Gott zu erkennen, hat sie Gott dahingegeben in verkehrten Sinn, so dass sie tun, was nicht recht ist" (Römer 1, 21. 26-28). Karl Barth nennt die Ausbrüche von Homosexualität gar Krankheit und widernatürliche Vergehen.[6] Dass sie Gottes Gebot entgegenstehen, ist eine Selbstverständlichkeit: *„Natürlich steht Gottes Gebot auch diesen Vergehungen entgegen. Aber das ist fast zu selbstverständlich, als dass es ausdrücklich festgestellt werden müsste."*[7]

Die Kurzformel für die Aufrechterhaltung der göttlichen Ordnung findet sich im Dekalog 2. Mose 20, 14: *„Du sollst nicht ehebrechen."* In synekdochischer Auslegungsart [8] können wir auch von einem Gebot *zur* Ehe sprechen. Wenn Gott verbietet, dass die Ehe gebrochen wird, so können wir davon ausgehen, dass es seinem Willen entspricht, wenn sie a) aufrechterhalten und b) überhaupt eingegangen wird. In diesem Gebot finden wir eine Bestätigung der Schöpfungsabsicht Gottes. Gott will, dass ein Mann zu seiner Frau gehört und umgekehrt. Das geordnete Zueinander der Geschlechter entspricht Gottes Absicht, und wer danach tut, handelt nach Gottes Willen.

[6] Barth, a.a.O. S. 185.
[7] Barth, ebd.
[8] vgl. Bockmühl, S. 22.

Umgekehrt müssen wir auch jedes Abweichen von dieser Absicht als nicht dem Willen Gottes entsprechend betrachten.

Damit stehen wir aber auch unweigerlich vor der Frage, ob denn die Ehe sein *muss*, oder ob der Mensch als Mann oder Frau nicht auch im ehelosen Stand als vollwertiger Mensch durchs Leben gehen kann. Was die Gemeinschaft der Geschlechter miteinander betrifft, so müssen wir aus obiger Darlegung klar festhalten: Es gibt nur die Ehe (grch. *gamos*) als Form des Miteinanders von Mann und Frau. Wo sich aber ein Mann oder eine Frau aus freien Stücken entscheidet, ohne diese Gemeinschaft zu leben, verbietet ihm die Bibel das nicht, doch ist diese Form eher als Ausnahme zu betrachten. In dem Sinne dürfen wir auch die Lebensweise des Apostels Paulus gemäß 1. Korinther 7, 7 zu den Ausnahmen zählen, zu der eine besondere Gabe vom Herrn erforderlich ist: *„Ich wünschte, alle Menschen wären (unverheiratet) wie ich. Doch jeder hat seine Gnadengabe von Gott, der eine so, der andere so."* (EÜ mit sinngemäßer Ergänzung in Klammer). Das bestätigt Luther in seinem Großen Katechismus, wenn er über den Stand der Ehe schreibt: *„Einige jedoch, wenn auch nur wenige, sind davon ausgenommen, die Gott eigens davon ausgenommen hat, weil sie zum Ehestand nicht tauglich sind oder weil er sie durch eine hohe, übernatürliche Gabe dazu freigemacht hat, dass sie außerhalb des [Ehe]standes Keuschheit bewahren können."*[9]

Leider sieht die Realität oft nicht so aus, dass Ehelosigkeit als Ausnahme erscheint. Gerade in unseren christlichen Gemeinden besteht ein relativ großer Teil aus Unverheirateten, die ihren Stand nicht frei gewählt und als Gabe von Gott bekommen haben, sondern sehr wohl ungewollt darin verharren

[9] Martin Luther, Der Große Katechismus. S. 59.

müssen. Es wäre nun nicht der Weg der Liebe, diese Brüder und Schwestern der Nichterfüllung des göttlichen Gebots zu bezichtigen. Vielmehr möchte ich darauf hinweisen, dass längst nicht alle Wege unseres Menschseins dem Willen Gottes entsprechen. Die ganze Menschheit leidet unter dem gefallenen und unter die Sünde gestellten Zustand. Ebenso wie Gott keinen Zerbruch der Ehen will, möchte er auch nicht, dass Ehelosigkeit zum Leiden wird. Und trotzdem begegnen wir beidem. Aber auch hier gilt: Gott findet Wege, wie er über die Maßen die Leiden und Entbehrungen vergelten kann, die durch die gefallene Schöpfung verursacht werden. Ich denke, es kommt nicht von ungefähr, dass unser Herr Jesus Christus selbst als Eheloser über diese Erde ging – auch wenn es dafür noch manch andere Gründe geben mag – und durch sein eigenes Erleben als wahrhaft *Mit*-Leidender erscheint. In seiner Heimatlosigkeit (Matthäus 8, 20: *„Die Füchse haben Gruben, und die Vögel unter dem Himmel haben Nester; aber der Menschensohn hat nichts, wo er sein Haupt hinlege"*) und seiner Menschen- und Gottverlassenheit (Matthäus 27,46: *„Mein Gott, mein Gott, warum hast du mich verlassen?"*) kann er all jenen beistehen, die durch ähnliche Erfahrungen hindurch gehen müssen. Unser Leiden bleibt immer ein behütetes Leiden, da der Gottessohn an unserer Seite leidet, während sein Leiden ein exklusives war, das wir in seiner Schwere und Tiefe niemals tragen könnten.

Demgegenüber bietet natürlich auch der ehelose Stand in der Gemeinschaft mit Gott die Möglichkeit, zu sehr sinnerfülltem und (menschlich) weitgehend unabhängigem Leben, was wiederum zeigt, dass die Ehe nicht ein Muss ist.

1.2 Die Lebensgemeinschaft

Das erste Ehepaar bekam von Gott einen klaren Auftrag: *„Seid fruchtbar und mehret euch und füllet die Erde und machet sie euch untertan und herrschet über die Fische im Meer und über die Vögel unter dem Himmel und über das Vieh und über alles Getier, das auf Erden kriecht"* (1. Mose 1,28). Der erste Teil des Auftrags, derjenige zur Fruchtbarkeit, ist kein exklusiver Auftrag an die Menschen, sondern er ergeht an alles Leben. Den gleichen Auftrag gibt Gott nämlich auch den Fischen im Meer und den Vögeln in der Luft (1. Mose 1, 21 – 22). Ebenso gehorcht der Rest der Natur gemäß unseren täglichen Beobachtungen diesem Gesetz der Vermehrung. Und trotzdem gehört gerade auch dieser Teil des Auftrags zum Menschen, und zwar ganz speziell zum von Gott eingesetzten Zueinander von Mann und Frau. Der Auftrag zur Fortpflanzung ergeht an das erste Ehepaar, an den *einen* Adam und an seine ihm zur Seite gestellte *eine* Eva. Es ist nicht ein Auftrag an den Menschen schlechthin, für Nachkommenschaft zu sorgen, egal auf welche Art und Weise, sondern Gott meint ganz speziell dieses komplementäre, von ihm zusammengestellte Paar. Daraus ergibt sich, dass Fortpflanzung in die Ehebeziehung hinein gehört. Aber Gott bleibt nicht dabei stehen, die Ehe ist reicher als das.[10] Er gibt dem Menschenpaar noch exklusive Rechte und Pflichten mit auf den Weg. Es sind dies *„untertan machen"* und *„herrschen"*. Diese Anweisungen ergehen nicht an Adam *oder* an Eva, sondern sie werden ihnen dadurch, dass Gott sie als Gemeinschaft anspricht (seid, macht, herrscht) beiden als gemeinsamem Paar aufgegeben. Der Mensch soll also seine Aufgaben zur Bewirtschaftung der Erde in der Gemeinschaft anpacken, und zwar zuerst und vor allem als Ehepaar, denn andere

[10] Bockmühl, a.a.O. S. 122.

Menschen sind bei der Erschaffung der Erde , als Gott den Auftrag gibt, ja noch gar nicht zugegen. Von daher ist die Ehe auch eine Arbeitsgemeinschaft, wobei Arbeit hier in dem Sinne zu verstehen ist, dass darunter all das fällt, was zum Bestehen auf diesem Planeten nötig ist. Die Geschichte zeigt immer wieder, dass bei einseitiger Betonung nur männlicher bzw. nur weiblicher Komponenten nur unvollständige Werke entstehen können, denen entscheidende Anteile fehlen. Das gleiche gilt auch für das Leben als Ehepaar. Es muss in der gemeinsamen Arbeit, in der gegenseitigen Ergänzung geführt werden, damit sich Mann und Frau beide gleichermaßen wohl fühlen und ihr Werk gelingen kann.

Aber die Gemeinschaft des Ehepaares erschöpft sich auch nicht nur in der Arbeitsgemeinschaft. Bevor Gott die Frau erschuf, hatte er mit ihr eine ganz bestimmte Absicht: *„Es ist nicht gut, dass der Mensch allein sei; ich will ihm eine Gehilfin machen, die um ihn sei. (oder: ich will ihm eine Hilfe schaffen als sein Gegenüber)"* (1. Mose 2, 18). Der Sinn und Zweck der Ehe ist zuerst einfach einmal *Gemeinschaft*. Der Mensch (Mann) soll nicht allein sein, denn es ist nicht gut für ihn. Er braucht ein Gegenüber, das zu ihm passt. Und dieses Gegenüber findet sich zuerst und in der besten Ergänzung in seiner Ehefrau. Jede andere menschliche Gemeinschaft vermag nicht an diese Gemeinschaft heranzureichen, denn diese ist ganz zuerst Schöpfungsabsicht Gottes. Dass die Gemeinschaft mit den Tieren nicht auszureichen vermag, wird auch klar: *„Und der Mensch gab einem jeden Vieh und Vogel unter dem Himmel und Tier auf dem Felde seinen Namen; aber für den Menschen ward keine Gehilfin gefunden, die um ihn wäre"* (1. Mose 2,20).

So ist die Ehe zuallererst Gemeinschaft, noch vor dem Auftrag zur Fortpflanzung und zur Arbeitsgemeinschaft. Soll eine Ehe nach der

Schöpfungsbestimmung gelebt werden, ist diese Reihenfolge einzuhalten. Der Zweck der Ehe soll z.B. nicht nur Fortpflanzung sein, wie das bei der Paarung von Tieren feststellbar ist. Es soll auch nicht einfach Lebensbewältigung im Sinne von Arbeit sein, die zur Erhaltung des Lebens dient. Also einfach gesagt: Die Frau kocht und bügelt für den Mann, damit er es etwas einfacher im Leben hat und er sich seinen Aufgaben widmen kann. Dazu braucht es gewiss keine Ehe. Dafür kann auch eine Hausangestellte dienlich sein, oder sogar ein anderer Mann. Nein, wir halten fest: Zuerst kommt die *ergänzende Gemeinschaft* und aus ihr ergibt sich alles andere. Ich behaupte sogar, dass eine Ehe bereits ihre Bestimmung gefunden hat, wenn nur dieser erste aber wichtigste Teil der Gemeinschaft erfüllt ist. Sonst wären Ehen, die aus welchem Grunde auch immer kinderlos bleiben keine richtigen Ehen, was wir gewiss nicht behaupten dürfen. Das Gleiche könnten wir sagen von Ehen, in denen der eine Ehepartner z.B. durch Krankheit nicht oder nicht in gleicher Weise wie der andere zur Bewältigung des Lebensunterhalts beitragen kann. Auch in dieser Hinsicht hebt sich der Mensch von der Zweckgemeinschaft *„Tier"* ab, was ein Argument mehr ist gegen die schleichende Gleichmachung von Mensch und Tier als ebenbürtige Mitgeschöpfe. So wie Gott in sich Gemeinschaft ist in seiner Trinität ohne dass ein Zweck oder eine Notwendigkeit dahinter steckt, sondern einfach weil Gottes Wesen auf *Beziehung* beruht, so ist auch ein Ehepaar um der Gemeinschaft und der Ergänzung willen zusammen.

2. Die Analogie

2.1 Der Bund Gottes mit dem Menschen

Wir haben bereits zwischen der Trinität Gottes und der Gemeinschaft im Ehebund eine Art Analogie feststellen können. In der Ehebeziehung spielt sich allerdings eine noch andere Analogie ab, die in der Beziehung Gott – Mensch ihren Ursprung hat und auf die ich im Folgenden näher eingehen möchte. Nebst der Schöpfungsbestimmung ist diese Analogie für mich die zweite wichtige Grundlage für das christliche Eheverständnis. Von dieser Analogie her lassen sich der *Bund* der Ehe sowie *Monogamie* und eheliche *Treue* sehr gut begründen.

2.1.1 Der Bund Jahwes mit Israel, der erste Bund

Am Bund Jahwes mit Israel fallen zwei Dinge ganz besonders auf: Zum einen nämlich, dass Gott überhaupt mit Menschen – in diesem Fall mit einem *Volk* – in Beziehung tritt. Gott schiene aus der Sicht eines Menschen die Beziehung zum Menschen nicht nötig zu haben. Hätte er nicht schon genug Gemeinschaft in sich selbst? Würden ihm seine Engelheere nicht genügen, um mit ihnen einen unbeschwerten, heiligen Umgang pflegen zu können? Wozu braucht er den Menschen, der ihm doch – menschlich gesprochen – nur Mühe und Arbeit macht? Wenn wir so fragen, vergessen wir, wozu der Mensch eigentlich geschaffen wurde. Als sich Gott für den Menschen entschied, sprach er: *„Lasset uns Menschen machen, ein Bild, das uns gleich sei“* (LÜ), bzw. *„als unser Abbild, uns ähnlich“* (EÜ) (1. Mose 1, 26). Gott schuf ein ihm ähnliches Wesen, damit er ein Gegenüber hatte. Nach Karl Barth ist der Mensch *„in und mit seiner Erschaffung und also indem er als Mensch existieren darf, dazu bestimmt, Gottes Bundesgenosse* *zu sein“.*[11] Gott sucht immer wieder den Kontakt zum Menschen, sei es nach dem Sündenfall zu Adam (1. Mose 3, 9) oder dann speziell zu solchen Menschen, die auch nach ihm fragen, wie z.B. Noah oder Abraham. Die Gemeinschaft mit Gott ist die erste und letzte, die eigentliche Bestimmung des Menschen. Die Kraft, die diese Beziehung am Leben erhält, ist Gottes Liebe, in der er sein Äußerstes gibt (Johannes 3, 16). So gesehen ist der Mensch das Objekt der Liebe Gottes.

Zum andern fällt uns die Art dieser Beziehung auf. Gott hat mit dem Menschen *nicht einfach so* eine Beziehung, sondern er versiegelt gewissermaßen diese Beziehung mit einem *Bund.* Er spricht zu Abraham: *„Ich will meinen Bund zwischen mir und dir schließen und will dich über alle Maßen mehren“* (1. Mose 17,2), ebenso: *„Und ich will aufrichten meinen Bund zwischen mir und dir und deinen Nachkommen von Geschlecht zu Geschlecht, dass es ein ewiger Bund sei, so dass ich dein und deiner Nachkommen Gott bin“* (1. Mose 17,7). In diesem Bundesschluss gibt Gott Abraham ein Versprechen, und dieser Bund trägt Abraham durch sein ganzes Leben. Der Bund erinnert ihn an Gottes Treue und macht ihn seiner Verheißung gewiss. Der Bund dehnt sich auch auf die Nachkommen Abrahams aus; er gilt für Isaak und Jakob gleichermaßen (1. Mose 26, 3; 28, 13). Die Bundestreue Gottes gipfelt darin, dass er seinen Bund mit dem ganzen Volk Israel beschließt (2. Mose 24). Das Volk ist seither durch das Blut des Bundes (2. Mose 24, 8) sowie die bereits gegebenen Gebote an seinen Gott *„gebunden“*. Gott hält seinen Bund, indem er ein besonderes Augenmerk auf Israel richtet. In 5. Mose 32,10 heißt es: *„Er umfing ihn (Jakob, bzw. Volk Israel)*

[11] Barth, a.a.O. S. 127.

und hatte acht auf ihn. Er behütete ihn wie seinen Augapfel.“ Umgekehrt fordert er aber auch von seinem Volk Treue.

Gott selbst vergleicht seinen Bund mit Israel mit einer *Ehe*. Durch den Propheten Hosea lässt er seinem Volk sagen: *„Alsdann [...] wirst du mich nennen »Mein Mann«“* (Hosea 2, 18) und *„Ich will mich mit dir verloben für alle Ewigkeit, ich will mich mit dir verloben in Gerechtigkeit und Recht, in Gnade und Barmherzigkeit“* (Hosea 2, 21). Wenn Israel Gott nicht die Treue hält, dann spricht Gott von *Ehebruch* und *Hurerei* (s. z.B. Hesekiel 23, 37 oder Jeremia 2, 20). Hier gilt also auch die Analogie im negativen Bereich. Was neben dem einen Gott Israels, außer diesem *einen* Gott noch an Gottesverehrung stattfindet, ist Götzendienst oder eben Ehebruch. Dasselbe gilt auch für den Abbruch der Gottesbeziehung. So auch in der Ehe: Geschlechterbeziehungen neben der einen Frau, Geschlechterbeziehungen außer mit dieser einen Frau – das ist Ehebruch, Hurerei. Auch wo die Ehe abgebrochen wird, findet eben der Ehe-*Bruch* statt. Ein Vergleich kann nur standhalten, wenn er auf beide Seiten seine Gültigkeit hat. In unserem Fall also gilt für die Beziehung Mann – Frau dasselbe wie für Beziehung von Gott zum Menschen. Auf einzelne Elemente dieses Bundesschlusses im Zusammenhang mit dem Ehebund werde ich später noch eintreten. Vorerst soll uns einmal die Feststellung genügen, dass Gottes Bund mit dem Menschen eine *Parallele* besitzt zum Ehebund, und der Ehebund eigentlich ein *Bild* für diese Beziehung Gott – Mensch ist.

2.1.2 Christus und die Gemeinde, der zweite Bund

Die Analogie der Beziehung Gott – Mensch mit dem Ehebund findet auch im Neuen Testament ihre Fortsetzung und gipfelt dort im eigentlichen und direkten Vergleich zwischen der Liebe Christi zur Gemeinde und der Liebe zwischen Ehemann und Ehefrau in Epheser 5, 21 ff.

Zunächst aber richten wir unseren Blick noch einmal auf den Gott, der keine halben Sachen macht, sondern mit seinen Jüngern in eine Bundesbeziehung tritt. Während im alten Bund zur Besiegelung des Bundesschlusses noch das Blut von Stieren verwendet wurde, lässt Jesus zur Grundlegung des neuen Bundes sein eigenes Blut. Im Abendmahl (Eucharistie) gedenken wir gemäß der Worte Jesu im Trinken aus dem Kelch an diesen Bund: *„Dieser Kelch ist der neue Bund in meinem Blut, das für euch vergossen wird!"* (Lukas 22, 20). Mit dem Opfertod Jesu wird der alte Bund – der wohl von Gott her seine volle Gültigkeit hatte, aber doch wohl eher zeichenhaft beschlossen wurde – völlig besiegelt und geht in einen neuen, endgültigen und nicht mehr zu überbietenden Bund über. Wo bis anhin noch der Buchstabe des Gesetzes die Bundessatzungen beschloss, tritt an seine Stelle der Bund, der im Herzen geschlossen wird. Durch den Propheten Jeremia wurde dieser neue Bund bereits vorausgesagt, und der Schreiber des Hebräerbriefes sieht ihn bestätigt: *„Siehe, es kommen Tage, spricht der Herr, da will ich mit dem Haus Israel und mit dem Haus Juda einen neuen Bund schließen, nicht wie der Bund gewesen ist, den ich mit ihren Vätern schloss an dem Tage, als ich sie bei der Hand nahm, um sie aus Ägyptenland zu führen. Denn sie sind nicht geblieben in meinem Bund; darum habe ich auch nicht mehr auf sie geachtet, spricht der Herr. Denn das ist der Bund, den ich schließen will mit dem Haus Israel nach diesen Tagen, spricht der Herr: Ich will mein Gesetz* *geben in ihren Sinn, und in ihr Herz will ich es schreiben und will ihr Gott sein, und sie sollen mein Volk sein"* (Hebräer 8, 8-10 bzw. Jeremia 31, 31-34). Die Absicht Gottes bleibt dieselbe: Er will ihr Gott sein, und sie (vormals Israel, nun alle Gläubigen) sollen sein Volk sein. Es geht immer um diese Beziehung *ich und du*. Es ist jene erwählende Liebe Gottes zum Menschen, die nur durch das starke Bild der Liebe zwischen Braut und Bräutigam beschrieben werden kann (vgl. Offenbarung 19, 7 bzw. 21, 2).

Und auf dieser Liebe baut Paulus seine oben bereits kurz erwähnte Analogie zwischen Christus und der Gemeinde und Ehemann und Ehefrau auf, die ich hier in ihrer ganzen Länge wiedergeben möchte: *„Ordnet euch einander unter in der Furcht Christi. Ihr Frauen, ordnet euch euren Männern unter wie dem Herrn. Denn der Mann ist das Haupt der Frau, wie auch Christus das Haupt der Gemeinde ist, die er als seinen Leib erlöst hat. Aber wie nun die Gemeinde sich Christus unterordnet, so sollen sich auch die Frauen ihren Männern unterordnen in allen Dingen. Ihr Männer, liebt eure Frauen, wie auch Christus die Gemeinde geliebt hat und hat sich selbst für sie dahingegeben, um sie zu heiligen. Er hat sie gereinigt durch das Wasserbad im Wort, damit er sie vor sich stelle als eine Gemeinde, die herrlich sei und keinen Flecken oder Runzel oder etwas dergleichen habe, sondern die heilig und untadelig sei. So sollen auch die Männer ihre Frauen lieben wie ihren eigenen Leib. Wer seine Frau liebt, der liebt sich selbst. Denn niemand hat je sein eigenes Fleisch gehasst; sondern er nährt und pflegt es, wie auch Christus die Gemeinde. Denn wir sind Glieder seines Leibes. »Darum wird ein Mann Vater und Mutter verlassen und an seiner Frau hängen, und die zwei werden ein Fleisch sein« (1. Mose 2,24). Dies Geheimnis ist groß; ich deute es aber auf Christus und die Gemeinde. Darum auch ihr:*

ein jeder habe lieb seine Frau wie sich selbst; die Frau aber ehre den Mann." (Epheser 5,21-33). Wenn also die Beziehung Ehefrau – Ehemann analog der Beziehung Christus – Gemeinde ist, was heißt das dann für die Ehe? Diese Frage ist so umfassend, dass ich nur kurz auf die wichtigsten Schlüsse eingehen kann.

Als erstes Merkmal zeigt sich der ***Bund***. So wie sich Christus durch sein Blut der Gemeinde hingibt und wie wiederum jeder einzelne Gläubige in diesen Bund *willentlich* eintritt, so wird auch die Ehe als ein Bund beschlossen, in dem jeder Teil zum anderen ein volles und ganzes *Ja* sagt. Auf den Vollzug dieses Bundes möchte ich im Kapitel über *„Die Eheführung"* näher eintreten.

Das zweite, sehr wesentliche Merkmal, ist die ***erwählende Liebe*** (grch. *agapē*). Sie ist *Entschluss* zur Liebe, ungeachtet der Gefühlslage. Sie ist vergebende Liebe, ungeachtet der Unvollkommenheiten des Partners. Nur diese Liebe hat Bestand *„in guten wie in bösen Tagen"*. Diese Liebe ist unbegrenzt und schränkt sich nicht auf eine bestimmte Dauer ein.

Ein drittes Merkmal ist die ***unzertrennbare Einheit***. Die Gemeinde und Christus können nicht voneinander getrennt werden, denn wie könnte der Leib vom Haupt getrennt werden? So ist es auch mit der Ehe. Das *„Ein-Fleisch-sein"* kann nicht wieder aufgetrennt werden, sondern ist Wesen der Ehe. Wie wir noch sehen werden, beschränkt sich dieses *„Ein-Fleisch-sein"* nicht allein auf die physische Vereinigung – doch diese umschließt es bestimmt auch – sondern umfasst die Eheleute in ihrer *Gesamtheit.*

Die Stellung der Ehepartner zueinander ist wieder eine Sache für sich, auf die ich im Kapitel *„Wege zu Heilung"* kurz eingehe. Eine vertiefte

Auseinandersetzung mit diesem Gegenstand würde über die Absicht dieser Abhandlung hinausgehen.

2.2 Der Treuebund in der Monogamie

Dass Ehe nur monogam gemeint sein kann, haben wir bisher wohl herausgespürt. Doch worin liegt diese *Einehe* begründet? Haben nicht gerade einige unserer Vorbilder im Glauben eben nicht die Einehe gepflegt, sondern vielmehr die Polygamie? Jakob hatte zwei Frauen und obendrein zeugte er noch Kinder mit deren Mägden, ebenso begnügte sich David nicht mit *einer* Frau, und wenn wir gar Salomos Harem betrachten, so kann von einer durchgängigen Monogamie in der Bibel natürlich keine Rede sein. Von daher werden wir die Einehe auch nicht begründen und vertreten können. Um in der Monogamie die tatsächliche Absicht Gottes erkennen zu können, müssen wir zurückkehren zur Schöpfungsbestimmung und zur Analogie.

Wie bereits weiter oben festgestellt, ist durch die Zuordnung von *einem* Mann, nämlich Adam, zu *einer* Frau, Eva, die Absicht Gottes zur Einehe bereits in der Schöpfung erkennbar. Wäre es Gott in erster Linie um die möglichst rasche Fortpflanzung anstatt um die vertraute Gemeinschaft von Mann und Frau gegangen, dann hätte er wohl gleich von Anbeginn an die Polygamie eingeführt und damit ein Zeichen gesetzt. Doch wir wissen, dass seine Absicht zuallererst die *Gemeinschaft* war, und die kann nur durch eine Einehe erreicht werden.

Eine besonders deutliche Intention hin zur Einehe liefert uns die *Analogie* der Beziehung Gott – Mensch zur Ehe. Karl Barth stellt in seiner Dogmatik die Einzigkeit der Erwählung in diesem Zusammenhang sehr eindrücklich vor Augen.[12] Ob es sich nun um das *eine* erwählte Volk oder um die *eine* Gemeinde auf Erden oder eben um den *einen* Partner handelt, es bleibt der Charakter der *Einzigkeit* erhalten. Unter allen möglichen Völkern der damaligen Zeit erwählte sich Gott Israel, und eben nur Israel und nicht noch ein paar andere Völker dazu. Dasselbe spielte sich ab mit der Erwählung einzelner herausragender Gestalten wie z.B. Mose oder Jeremia. Und was liegt nicht für eine Einzigkeit in dem Jesajawort: *„Fürchte dich nicht, denn ich habe dich erlöst; ich habe dich bei deinem Namen gerufen; du bist mein!"* (Jes 43, 1). Auch im Neuen Testament finden wir herausgerufene Erwählte: Petrus, Paulus, der Jünger, den Jesus lieb hatte usw. *„immer Erwählte, von denen zu seiner Zeit, an seinem Ort, in seiner Funktion ein Jeder schlechthin unersetzbar, unvertauschbar, durch keinen Anderen konkurrenziert und konkurrenzierbar ist."*[13]

Bereits schon im Alten Testament weisen uns Schriftstellen auf die Absicht der Einehe hin. Das wird zum Beispiel aus den ersten Kapiteln des Buches des Propheten Hosea recht deutlich. Wir könnten auch Noah anführen, der nur seine *einzige* Frau mit in die Arche gerettet hat. Ebenso auch seine Söhne (1. Mose 7, 13). Im Neuen Testament begegnet uns sowieso nur noch die Einehe, ja sie wird von den Leitern der Gemeinde sogar gefordert (1. Timotheus 3; Titus 1, 6).

Mit der Einehe verknüpft ist auch die *Treue*. Ich folge wieder der Ausführung Barths: *„Von diesem Zusammenhang her erfolgt in die menschliche Liebe und in die menschliche Ehe hinein – wirklich nicht aus ihr heraus, sondern aus der Höhe in sie hinein – die Forderung der Treue, aber wir*

[12] Barth, a.a.O. S. 221 f.
[13] Barth, a.a.O. S. 222.

sagen viel besser: die Einladung, die Erlaubnis, die Befreiung zur Treue, nun im anderen, abgrenzenden Sinn dieses Begriffes, das heißt zur Einmaligkeit und Einzigkeit schon der Liebeswahl und dann in der Ehe zur Beständigkeit in der Ausrichtung auf diesen gewählten Partner mit Ausschluss jedes Dritten, der es möglicherweise auch sein könnte.“[14] Gottes Vorbild in der Analogie ist nur Treue *(„Gott ist treu“*, 1. Korinther 1, 9), ist quasi Wesenszug, ist grundlegende Eigenschaft Gottes. Dass es mit der Treue des Partners Gottes, des Menschen, nicht weit her ist, brauche ich hier nicht lange zu erklären. Darin kann nicht das Vorbild der Analogie gesucht werden, auch wenn es leider allzu oft der Treue in der Ehe entspricht. Das Vorbild ist Christus. Dieser verspricht uns allerdings in seinem Wort, dass durch das Wirken des Heiligen Geistes eben diese Früchte, die seiner Wesensart entsprechen, auch bei uns Gläubigen wachsen können. Dazu zählt auch die Treue (Galater 5, 22).

2.3 Die Analogie im Begehren

Eine Darlegung der Ehe aus biblischer Sicht wäre nur unvollständig, ließen wir das Buch der Liebe, das Hohelied, außer Betracht. Diese eigentliche Sammlung von Liebesliedern hat im Lauf der Geschichte die verschiedensten Deutungen über sich ergehen lassen müssen.[15] Was für eine Deutung wir auch immer anwenden mögen, *eines* scheint mir gewiss: Wenn Gott dafür gesorgt hat, dass diese wunderbare Beschreibung des liebenden Verlangens von Braut und Bräutigam zu seinem Wort gerechnet wird, dann dürfen wir ganz bestimmt den beschriebenen Gegenstand – und sollte er auch nur in allegorischem Sinn verstanden sein – als gottgefällig und ganz gewiss in

[14] ebd.
[15] vgl. W.S. La Sor u.a. Das Alte Testament. S. 708 f.

seiner eigentlichen und buchstäblichen Auslegung nicht als minderwertig betrachtet werden. Oder anders ausgedrückt: Wenn sich Gott selbst dieses Vergleichs bedient, um seine Liebe zum Menschen auszudrücken, kann das vergleichbare Geschehen nicht schlecht sein, sondern wird im Gegenteil etwas Besonderes, Hervorgehobenes innerhalb des menschlichen Umgangs sein.

Wenn wir das bisher Festgestellte betrachten, so liegt eine Analogie natürlich nahe, oder wenn wir wollen ist – in Anbetracht von Epheser 5 – auch eine typologische Auslegung[16] möglich. Vergleichbare Beschreibungen, welche in der Liebe zwischen Gott und Mensch an die verlangende Liebe zwischen Mann und Frau erinnern, gibt es in der Schrift auch nebst dem Hohelied. Psalm 45, 12 (auch eine Art Analogie): *„Den König verlangt nach deiner Schönheit; denn er ist dein Herr, und du sollst ihm huldigen."* Oder Psalm 86, 4: *„Erfreue die Seele deines Knechts; denn nach dir, Herr, verlangt mich."* Gerade auch an diesen Beispielen wird deutlich, wie das Verlangen *gegenseitig* ist. Sowohl Gott als auch der Mensch verlangen nacheinander.

Was ist nun das Besondere an der Liebe, die wir im Hohelied beschrieben finden, verglichen mit den bisherigen Analogien? Es ist das starke Begehren der Liebenden zueinander, eine eigentliche Trunkenheit vor lauter Liebe (Hohelied 5, 1), eine unverkennbare Leidenschaft. Und doch ist es keine Liebe, die nur den eigenen Gefühlen nachkommen und sich selbst am anderen ergötzen möchte, sondern sie hat in allem Begehren immer das Gegenüber im Auge, die ganze Person des anderen. Was können wir daraus

---

[16] Die typologische Auslegung sieht in der Liebe von Mann und Frau zugleich ein Abbild der Liebe Christi zu seiner Gemeinde, d.h. sie deutet auf Christus hin. (vgl. dazu W.S. La Sor u.a. a.a.O. S. 713)

lernen? Eheliche Liebe ist auch in ihrer leidenschaftlichen und ekstatischen Form nicht von der von Gott gemeinten Liebe abgekoppelt, sondern sie gehört ebenso dazu, wie z.B. die tragende oder vergebende Liebe. Sexualität wird nicht unter einem Deckmantel der Tabuisierung gehalten oder als notwendiges Übel betrachtet, sondern sie wird voll und ganz bejaht. Es geht dabei auch nicht in erster Linie um eine Absicht, wie es z.B. die Fortpflanzung sein könnte, sondern die Liebenden nähern sich einander (gerade im Hohelied) in der Leidenschaft für- und in dem Verlangen nacheinander; eine andere Intention ist nicht erkennbar.

Gewiss entsteht das Begehren auch ohne die Gemeinschaft der Ehe, gerade *weil* der Mann in die Gemeinschaft mit der Frau gehört und umgekehrt. Doch es wird in die richtigen Schranken gewiesen durch das Gebot: *„Du sollst nicht begehren deines nächsten Frau...“* (2. Mose 20, 17) und die klare Anweisung des Paulus in 1. Korinther 7, 2, auf die wir später noch eingehen werden.

3. Die Eheführung

Nun könnte man ja einwenden, die Liebe zwischen Mann und Frau, so wie sie in der Bibel dargestellt wird, könne auch ohne die *„Institution"* Ehe gelebt werden, entscheidend seien der Wille dazu und nicht die Paragraphen. Dass letztlich nicht die Paragraphen eine Ehe ausmachen, dem ist gewiss so, doch sehe ich gerade in der Analogie und auch in den übrigen Aussagen der Bibel zum Zusammenleben von Mann und Frau mehr als einen freien Zusammenschluss, wie er z.B. im Konkubinat gelebt wird. Darauf möchte ich in diesem Kapitel eingehen, aber auch auf die eigentlichen Kräfte, die eine Ehe am Leben erhalten und für den Bestand einer Ehe zu beachten sind.

3.1 Die richtige Reihenfolge

Ich möchte an den Punkt der richtigen Reihenfolge von zwei Seiten herangehen. Zum einen ist es die *Analogie*, die wir bereits weiter oben betrachtet haben, zum andern ist es die bei der Schöpfung ausgesprochene und von Jesus aufgegriffene Bestimmung des *„Verlassens, Anhangens und Ein-Fleischs-Seins"* (1. Mose 2, 24 resp. Matthäus 19, 5).

In der *Analogie* haben wir festgestellt, dass die Beziehung Gott – Mensch durch einen *Bundesschluss* geregelt wird. Gott geht mit Israel nicht einfach so eine Beziehung ein, sondern er bekräftigt diese mit einem „offiziellen" Bundesschluss. In diesem Bund verspricht er seinem Gegenüber Treue, die nie enden wird. Gott hält zu Israel durch dick und dünn, und daran kann nicht gerüttelt werden. Auch im neutestamentlichen Zusammenhang sehen wir die Unverbrüchlichkeit und Unaufhörlichkeit der Liebe Gottes (Römer 8, 39), und mit dieser Liebe liebt Christus die Gemeinde, und eben diese

Liebe ist wiederum vom Ehemann zur Ehefrau gefordert (Epheser 5, 25). Mit dem Bundesschluss bindet sich Gott selbst an sein Wort, und dieser Bundesschluss gibt auf der anderen Seite dem Gegenüber auch die Gewissheit, sich auf Gott in jeder Lage verlassen zu können. Wo Gott, dessen Treue eigentlich nicht in Frage gestellt werden müsste, sich zu einem Bund verpflichtet, ist der Mensch in seiner engsten Beziehung zu *gleichem* Handeln gefordert. Und wenn Christus die Liebe zur Gemeinde in einem neuen Bund festigt und zur Vollendung bringt, so ist analog auch die Liebe der Eheleute nur in einem *gegenseitigen Bundesschluss* Ausdruck ernsthafter, unverbrüchlicher und treuer Liebe. Eben darauf weist uns der Ehebund hin, und darin wird letztlich auch nur die Geborgenheit gefunden, die sich in der Liebe des andern ganz gehalten und getragen weiß, weil sich der andere mit einem ganzen Ja an ihn gebunden hat. Das Ja Gottes zum Menschen findet sich in diesem Ja der Eheleute zueinander wieder, und es ist nicht minderwertiger oder unverbindlicher zu betrachten, und es wird höchstens durch die menschliche Sündhaftigkeit in Frage gestellt. Auf diesem ersten Ja baut nun alles andere auf, und erst dieses Ja ermöglicht ein Leben, das die Eheleute wohl in tiefster Abhängigkeit voneinander sein lässt und doch wieder jene Freiheit erst ermöglicht, die nur in der Sicherheit und Gewissheit dieses Ja gefunden wird.

Wenden wir uns nun der Aussage Jesu in Matthäus 19, 5 zu, die wiederum ein Zitat aus 1. Mose 2, 24 ist: *„Darum wird ein Mann Vater und Mutter verlassen und an seiner Frau hängen, und die zwei werden ein Fleisch sein“* (oder: *„sich an seine Frau binden“*/EÜ). Der erste Akt ist derjenige des *Verlassens*. Ed Wheat schreibt dazu: *„Zunächst einmal müssen wir sehen, dass Ehe mit dem Verlassen beginnt, mit dem Aufgeben aller anderen*

Beziehungen. Wenn die Ehepartner schon Vater und Mutter verlassen müssen, dann sollen erst recht alle weniger engen Bindungen geändert oder aufgegeben werden. [...] ... das Verlassen muss unbedingt stattfinden, denn weder Eltern noch sonst jemand darf zwischen Mann und Frau stehen.“[17] Das Verlassen zeigt zuerst einmal das Ende eines Zeitabschnitts an. Etwas Altes, Bisheriges wird abgeschlossen, und etwas Neues beginnt. Aus einem alten Stand, nämlich dem Ledigsein, tritt der Mann oder die Frau in einen neuen Stand. Das Verlassen ist endgültig und einmalig und wird nicht unzählige Male wiederholt, auch wenn dies auf emotionaler Ebene immer wieder einmal nötig sein kann. Im Weiteren trägt dieses Verlassen den Charakter der Ausschließlichkeit. Die bisherige Bindung (an Vater und Mutter) wird verlassen, und der Mensch verbindet sich mit seinem Ehepartner, und nur mit *diesem*. Dieses Verlassen ist damit zugleich eine Absage an andere Bindungen, sei es an die Eltern oder andere enge Bindungen. Damit ist aber nicht gesagt, dass die bisherigen Beziehungen nicht aufrecht erhalten werden sollten. Es geht eben um das, was *nachher* kommt. Es gibt nur *eine* Beziehung, die der Mensch so eng und intensiv leben kann, und das ist die Ehebeziehung. Auch hier kann der Mensch *nicht „zwei Herren dienen“*.

Erst das vorherige Verlassen ermöglicht nun das darauffolgende „*Anhangen*“. Das griechische Wort *kollao* , das mit anhangen übersetzt wird, bedeutet hier *„sich eng anschließen an“*. Es geht also um einen sehr engen Zusammenschluss zweier Menschen, die vorher noch nicht „gebunden“ waren, nun aber durch diesen Akt für immer zusammengehören. Auch dieses Anhangen ist so ausschließlich und eng, dass niemand anderes dazwischen stehen kann.

---

[17] Ed Wheat, Liebe ist Leben. S. 24

Verlassen und Anhangen charakterisieren beide in ihrer Abfolge einen Schritt, der einmal getan werden muss und der von einem ehemaligen in einen neuen Zustand führt. Das weist uns wiederum auf einen Akt hin, der *einmal* vollzogen wird und der danach fest steht. In unserem Kulturkreis hat er sich in der *Trauung* niedergeschlagen. Wichtig scheint mir hierin, dass die beiden Brautleute diesen Schritt einerseits als *einzelne* Personen vor Gott begehen und gleichzeitig aber auch als neue Personeneinheit diesen Schritt vor Gott *gemeinsam* bezeugen.

Was jetzt folgt, ist quasi eine neue Daseinsform. Die beiden sind nicht mehr jeder für sich, sondern sie sind *eins*. Zumeist wird nun gerade dieses *„Ein-Fleisch-Sein"* als die körperlich-geschlechtliche Vereinigung von Mann und Frau verstanden. Gerade das ist *auch* darin enthalten, aber nicht nur. Ich möchte hier noch einmal Barth zu Wort kommen lassen: *„Nun kann also auch bei den Worten von den zu einem ‚Fleisch' oder ‚Leib' gewordenen zwei Menschen nicht bloß ihre physisch-körperliche Vereinigung als solche und für sich gemeint und bezeichnet sein. Sondern, wenn ‚Fleisch' und ‚Leib' das Physische zwar zweifellos in sich schließen, so greifen sie doch weiter und bezeichnen den Menschen selbst in der Totalität seines durch den Geist begründeten, gewirkten und erhaltenen seelisch-leiblichen Seins. Und wenn zwei Menschen ein ‚Fleisch' oder ‚Leib' werden, so bezeichnet das zwar auch ihre physische Vereinigung, aber darüber hinaus die Vereinigung je ihres totalen Seins zu totaler und unauflöslicher Gemeinsamkeit."*[18] So gesehen weist diese Einheit über die rein sexuelle Vereinigung hinaus, was diese jedoch gerade nicht abwerten soll und darf, sondern sie als Ausdruck des totalen, über den Leib hinaus gehenden Einsseins,

[18] Barth, a.a.O. S. 148.

erscheinen lassen soll. Damit ist auch klar gesagt, dass sich die Einheit und Totalität im Leben der Eheleute erst vollzogen haben muss, bevor die leibliche Gemeinschaft Ausdruck derselben werden kann! Das gibt uns eine klare Reihenfolge der Verhältnisse vor. Geschlechtliche Vereinigung darf immer nur Folge der zuvor zustande gekommen Einheit sein, die wiederum erst nach dem Verlassen und Anhangen möglich wird. Alles andere ist Betrug. Von dieser Einheit her erschließt sich auch das Verständnis der Ehe als Abbild der Liebe Christi zur Gemeinde. Es geht also um den *ganzen* Mann und die *ganze* Frau, und nicht nur um eine teilweise Vereinigung der beiden.[19] Nicht umsonst verwendet das Alte Testament für die sexuelle Vereinigung von Mann und Frau das Wort *„erkennen"*. Es ist ein Wort, das eine zarte Würde mit einschließt und über den Teilaspekt der Körperlichkeit hinausgeht und die ganze Person meint.

Ehe ist damit auch der Ort, an dem die schöpfungsgemäße Geschlechtlichkeit gelebt werden darf, und in dem nur die Schranken durch die Ehe selbst gegeben sind und konsequenterweise wieder heißen müssen: nur *nach* dem Bundesschluss und nur mit diesem *einen* Partner. Paulus schreibt dazu: *„Aber um Unzucht zu vermeiden, soll jeder seine eigene Frau haben und jede Frau ihren eigenen Mann"* (1. Korinther 7,2). Was also darüber hinaus geht, das ist Unzucht (grch. *porneia*). Luther folgert sinngemäß: *„Damit es desto leichter sei, Unkeuschheit einigermaßen zu vermeiden, hat Gott deshalb auch den Ehestand befohlen, dass ein jeder sein zugemessenes Teil habe und sich daran genügen lasse."* Er ergänzt dann, wohl wissend um die menschliche Schwäche und gewiss in Anbetracht Jesu Radikalisierung des Ehegebotes (Matthäus 5, 28): *„Freilich gehört noch Gottes Gnade dazu,*

[19] vgl. Barth, a.a.O. S. 149.

dass das Herz auch keusch sei."[20] Der eheliche Geschlechtsverkehr ist nicht nur eine Erlaubnis, sondern wird auch geboten: *„Entziehe sich nicht eins dem andern, es sei denn eine Zeitlang, wenn beide es wollen, damit ihr zum Beten Ruhe habt; und dann kommt wieder zusammen, damit euch der Satan nicht versucht, weil ihr euch nicht enthalten könnt*" (1. Korinther 7,5). In diesem Falle wird also nicht Enthaltsamkeit gefordert, denn die Sexualität gehört zum Mann- bzw. Frausein und soll nicht durch ein falsches Verständnis unterdrückt werden. Die Gefahr der Versuchung durch das, was außerhalb der gebotenen Grenzen liegt, könnte dann zu groß werden. Enthaltsamkeit als Lebensstil gehört also zu denen, denen es von Gott als Gabe zugewiesen ist, und wie wir bereits festgestellt haben, sind das immer Ausnahmen. Im Übrigen kennt die Schrift innerhalb des gebotenen Rahmens für die Sexualität keine Verneinung, sondern ihre Intentionen sind in vollem Umfang bejahend, und Sexualität ist Ausdruck der verlangenden Liebe (vgl. das *Hohelied*).

Die eigentliche Eheschließung wird in unserer Zeit in der Regel mit einer standesamtlichen und kirchlichen Trauung begangen, der ein Hochzeitsfest folgt. Dieser Akt ist in der Bibel nicht geboten, doch spricht sie an einigen Stellen von Hochzeiten (Matthäus 22, 1 ff.; Johannes 2, 1 ff.), was darauf schließen lässt, dass diese (jüdische) Tradition vorausgesetzt werden konnte. *Wie* die eigentliche Eheschließung zu erfolgen hat, darüber schweigt die Bibel. Der Rat des Paulus an die Witwen, die heiraten möchten, dürfte aber für alle Ehen gelten: *„Dass es in dem Herrn geschehe*" (1. Korinther 7, 39). Den öffentlich-rechtlichen Teil der Eheschließung hat heute der Staat übernommen. Allerdings besitzt auch die kirchliche Trauung einen

[20] Luther, a.a.O. S. 60.

Öffentlichkeitscharakter, dadurch, dass die Gemeinde als Zeuge für die Eheschließung zugegen ist und die Brautleute in ihre Verantwortung stellt. Oder wie es Barth ausdrückt: *„Man kann nur sagen, dass es nahe liegt, die Verantwortung eines Eheschlusses vor Gott auch als Verantwortung vor der christlichen Gemeinde in irgend einer besonderen Weise formell sichtbar zu machen.“*[21] Die Trauung ist durch die Tradition geprägt und mehr Gegenstand der Praktischen Theologie. *Wie* der Bund letztlich vor Gott geschlossen wird, bleibt meines Erachtens zweitrangig. Wichtig ist jedoch, *dass* er vor Gott geschlossen und bezeugt wird. Dazu bietet die kirchliche Trauung sicherlich eine gute Grundlage, der wir als Christen auf jeden Fall auch um des Zeugnisses vor der Welt willen folgen sollten.

3.2 Ein Ausdruck der Liebe

Dass eine Ehe in gegenseitiger Liebe geschlossen werden soll, daran wird heute wohl niemand mehr zweifeln. Nur wird Liebe nicht immer gleich verstanden und in vielen Fällen auch nicht (mehr) als Grund für eine Ehe betrachtet. Liebe, so meint man oft, könne auch ohne Ehe gelebt werden, ja, sie bleibe ohne Ehe sogar frischer und echter, während sie im Gefängnis der Ehe verloren zu gehen drohe.[22] Ich behaupte allerdings das Gegenteil und möchte im Folgenden darlegen, dass erst die Ehe der Ausdruck einer echten Liebe ist.

Liebe in ihrem eigentlichen und tiefsten Sinn, wie sie uns von Gott als *agapē* entgegen kommt und auch von uns gefordert wird, kann nur in einer Ehebeziehung ihren Ausdruck und ihre Erfüllung finden. Wir haben ja bisher schon von *Einehe* und von *Treue* gesprochen. Beide sind Ausdruck jener

[21] Barth, a.a.O. S. 256.
[22] Ich verweise dabei auf die zahlreichen Beispiele aus säkularer Literatur und Film.

Liebe, die sich an Gottes Vorbild orientiert. Damit verbunden ist auch die *Dauer* der Ehe, die nicht zeitlich begrenzt werden kann, sondern für immer gilt. Sobald auch nur einer dieser drei Faktoren *Einzigkeit, Treue* und *Unauflösbarkeit* in Frage gestellt, geschmälert oder irgendwie außer Acht gelassen wird, kann nicht mehr von Abbild der Liebe Gottes zum Menschen gesprochen werden. Selbst wenn durch die sündige Natur des Menschen an der Liebe so mancher Abstrich gemacht werden muss, auf eine dieser drei Komponenten echter Liebe kann kein Mann und keine Frau verzichten, die sich in Liebe einander verpflichten möchten. Es wird immer Betrug sein, wenn in flüchtiger und dafür umso leidenschaftlicher sogenannter Liebe das Echte gesucht wird, wenn man sich von einem „Seitensprung" den wahren „Liebeskick" erhofft oder wenn man gar von einer Beziehung in die andere taumelt, enttäuscht, weil eben die vorherige Beziehung anscheinend nicht die richtige war und immer in der Hoffnung, doch noch die wahre Liebe zu finden.

Liebe wird, solange sie Liebe ist, immer Ja sagen: Ja, ich meine dich, und nur dich. Ja, ich entscheide mich für dich und nur für dich, und damit gegen alle anderen Möglichkeiten. Ja, ich gehöre zu dir und nur zu dir, ich bin mit dir eine Einheit, die niemand trennen kann. Von daher kann Ehe nur diese Liebe meinen, die sich in ausschließlicher und treuer Hingabe in andauernder Lebensgemeinschaft erfüllt. Wenn dem nicht so wäre, dann träte an die Stelle der Liebe *„offenbar die prinzipielle und andauernde Liebelei, das heißt dann aber auch: an die Stelle der völligen und exklusiven Lebensgemeinschaft der Ehe träte dann ein gemächliches, unverbindliches, jeder eigentlichen Disziplin entbehrendes, von jeder Anstrengung dispensiertes*

Experimentieren."[23] Trotzdem möchte ich das Schwergewicht nicht auf die *Disziplin* legen, denn Ehe wäre auch nicht mehr Liebe, wenn sie nur noch Disziplinierung des Geschlechtstriebes und Pflichterfüllung des Eheversprechens wäre. Aber sie ist das *auch*, und zuzeiten mag sich die Liebe an die Disziplin binden und sich an das Eheversprechen erinnern, um sich eben in den eher schwierigen Zeiten durchzutragen, in dem Wissen, dass dies vor Gott das Richtige ist und sich die Liebe nur *darin* erfüllen kann. Flucht kann nie geboten sein, auch nicht das Versinken in Gleichgültigkeit, was ja einer passiven Flucht gleichkäme, sondern die Liebe wird immer vorwärtsdrängen, sie sucht und gibt nicht auf. Das aber gerade will das Experimentieren nicht. Wer mit der Liebe nur experimentiert, kann es nicht ernst mit ihr meinen, denn er rechnet schon mit der Möglichkeit, dass sie aufhören könnte und zählt dann das zu den Ergebnissen seines Experimentes. Wer nur experimentiert, nimmt sein Gegenüber nicht ernst und macht es zum Objekt des eigenen Empfindens. Ja, er nimmt nicht einmal sich ernst, weil er sich das Andauernde nicht zutrauen will und sich mit dem Vorläufigen zufrieden gibt.

Liebe orientiert sich am Vorbild der Liebe Gottes, der spricht: *„Ich will dich nicht verlassen noch von dir weichen"* (Josua 1, 5) und ebenso *„Ich will mich mit dir verloben für alle Ewigkeit"* (Hosea 2, 21).

3.3 Das Ziel der Ehe

Bereits im Kapitel über die Schöpfungsbestimmung haben wir festgestellt, dass Mann und Frau in der Ehe einander zugeordnet sind zur gemeinsamen Bewältigung des Lebens, was ausgedrückt wird in dem Gebot, sich

[23] Barth, a.a.O. S. 231.

die Erde untertan zu machen und zu herrschen (1. Mose 1, 28). Gemäß Mt 19, 5 sind Mann und Frau in der Ehe *synezeuxen* (grch.), d.h. zusammengefügt, wobei hier drin das Wort *zeugos* steckt, welches wiederum *Joch* oder *Paar* bedeutet. In diesem Bild kommt sehr schön zum Ausdruck, wie Mann und Frau quasi in dasselbe Joch gespannt sind, um als Einheit also „am selben Strick zu ziehen". Hierzu Barth: *„Eine gewisse etwas rohe protestantische Ehetheologie sollte das nicht gleich kommentieren, als ob es hieße: ‚zusammen unter das Joch getan'! Die Pointe dieses Ausdruckes liegt nicht in der Schwere, sondern im Sinn und Zweck des Joches, in das sie gemeinsam gespannt sind. ‚Ins Joch gespannt sein' heißt: vor eine Aufgabe und in eine Aufgabe gestellt sein, und eben das ist es, was ihnen laut des Wortes Jesu gemeinsam, und zwar von Gott her, widerfahren ist."*[24] Wenn wir dieses Bild weiterführen, so wird uns klar, wie in diesem Joch nicht der eine Partner stehen bleiben kann, während der andere weitergeht, sondern sie können nur je gemeinsam stehen bleiben oder weitergehen. Wohl ist es möglich, dass für eine gewisse Zeit der eine der beiden etwas weniger kräftig am Joch mitzieht und der andere dafür umso kräftiger, doch sie bleiben beide unter demselben Joch eingespannt und vereint. Positiv gedeutet heißt es auch, dass durch die beiden eine größere Kraft auf das Joch einwirkt, als von einem allein ausgehen würde und wiederum die zum Ziehen verteilte Last für jeden von beiden kleiner wird, obwohl sie die doppelte Last von dem ziehen können, als einer allein zu ziehen imstande wäre.

Von der Schöpfungsbestimmung her ist ja ebenfalls klar, dass Mann und Frau einander *Gemeinschaft* sein sollen, hier nun aber auch mit dem weiterführenden Aspekt der *Hilfe* (die Frau als Gehilfin oder Hilfe als Gegenüber).

[24] Barth, a.a.O. S. 229.

Aber wir dürfen die Frau nicht als Hilfe im Sinne von *Handlangerin* verstehen. *„Das Wort ‚Gehilfin' ist hier sehr gewichtig. Es bedeutet: die entscheidende und wesentliche Hilfe. Der gleiche Begriff wird oft gebraucht, wenn Gott selbst der Helfer ist, z.B. in Psalm 70,6: ‚Denn du bist mein Helfer und Erretter; Herr, säume nicht!"*[25] Die Frau ist in der Unterstützung des Mannes nicht nur ein „schwächerer Mann", sondern leistet als Frau in ihrer Schöpfungsbestimmung jenen Anteil an Hilfe, die der Mann allein und von sich aus nicht leisten könnte. Nur in diesem Zu- und Miteinander bewältigen sie die ihnen zugewiesenen Aufgaben gemäß ihrer Bestimmung. So sind sich Mann und Frau grundsätzlich und zuerst einmal Hilfe zum Leben. Von daher gehen sie auch alle anderen ihnen gestellten Aufgaben an.

Wir wollen im Folgenden diese dem Ehepaar zugewiesenen Aufgaben noch etwas konkreter betrachten. Dazu müssen wir nochmals einen Blick auf die Anweisung werfen, die Gott dem ersten Ehepaar mit auf den Weg gegeben hat: *„Und Gott segnete sie und sprach zu ihnen: Seid fruchtbar und mehret euch und füllet die Erde und machet sie euch untertan und herrschet über die Fische im Meer und über die Vögel unter dem Himmel und über das Vieh und über alles Getier, das auf Erden kriecht"* (1. Mose 1, 28). Wir lesen aus dieser Anweisung erstens *Fruchtbarkeit* bzw. *Vermehrung* und zweitens *Herrschaft*. Vermehrung und Wachstum sind Prinzipien Gottes. Wir stellen das fest, wo Gott Menschen mit seinem Segen begegnet, wie z.B. bei Abraham, dem eine große Nachkommenschaft verheißen wird (1. Mose 15, 1 ff.) oder bei Jabez, dessen Bitte um Erweiterung seines Gebietes erfüllt wird (1. Chronik 4, 10). Wo etwas wächst und gedeiht, da liegt in der Regel ein Segen Gottes drauf, wo Trockenheit, Dürre, kein Wachstum und

---

[25] Bockmühl, a.a.O. S. 122.

schließlich Tod sind, da fehlt Gottes segnende Gegenwart. Bildhaft sind die Spuren des Segens Gottes: *„Ich will Wasserbäche auf den Höhen öffnen und Quellen mitten auf den Feldern und will die Wüste zu Wasserstellen machen und das dürre Land zu Wasserquellen"* (Jesaja 41,18). Im neutestamentlichen Zusammenhang sind Wachstum und Vermehrung schon mehr auf geistliche Dimensionen übertragen: *„Der aber Samen gibt dem Sämann und Brot zur Speise, der wird auch euch Samen geben und ihn mehren und wachsen lassen die Früchte eurer Gerechtigkeit"* (2. Korinther 9, 10). Frucht wird im Neuen Testament auch verstanden als Ergebnis des Wirkens des Heiligen Geistes (Galater 5, 22). Zudem sollen wir unsere geistlichen Erkenntnisse und Gaben dazu verwenden, damit andere wachsen können: *„Und was du von mir gehört hast vor vielen Zeugen, das befiehl treuen Menschen an, die tüchtig sind, auch andere zu lehren"* (2. Timotheus 2, 2). Wenn nun von Fruchtbarkeit und damit von Vater- und Mutterschaft bei Ehepaaren die Rede ist, so ist damit zuerst wohl einmal an die leibliche Elternschaft gedacht: *„Siehe, Kinder sind eine Gabe des HERRN, und Leibesfrucht ist ein Geschenk"* (Psalm 127, 3). Ich denke jedoch, dass wir diese Fruchtbarkeit gemäß der festgestellten Übertragung auf die geistliche Ebene ebenfalls im umfassenden Sinne verstehen dürfen. Das Leben eines Ehepaares soll von *Frucht* und *Vermehrung* geprägt sein. Das Prinzip der Elternschaft kann so auch im *geistlichen* Sinne verstanden und gelebt werden. Oder anders ausgedrückt: Mann und Frau sind dazu berufen, sich in ihrem Ehestand als Väter und Mütter zu unterstützen und Elternschaft zu leben, indem sie andern Vater und Mutter sind und zu deren Wachstum und Reifung beitragen. Ob diese anderen nun ihre eigenen Kinder sind oder Menschen, die auf ihrem Lebensweg elterliche Unterstützung brauchen, ist letztlich zweitrangig. Auch das, was Luther als den Willen Gottes für die Ehe formuliert, trifft schließlich den Kern der eben beschriebenen ehelichen Aufgabe: *„Denn es liegt Gott alles daran, dass man Leute erziehe, die der Welt dienen und helfen zu Gottes Erkenntnis, seligem Leben und allen Tugenden, um wider die Bosheit und den Teufel zu streiten.“*[26] Andere Menschen als Vater und als Mutter anzuleiten auf ihrem Weg mit Gott, ihnen Hilfe und Unterstützung zu geben, Ratgeber und Ermutiger zu sein und so deren Früchte der Erkenntnis wachsen zu lassen, das ist vornehmste Aufgabe eines Ehepaares. Werden diese Aufgaben nicht mehr wahrgenommen, wird der Gemeinde ein geistlicher Nährboden geraubt, der durch nichts zu ersetzen ist. Letztlich wird das zum Zerfall der ganzen Gesellschaft führen.

Betrachten wir noch den zweiten Teil der Aufgabe, das *Herrschen.* Gewiss hat herrschen, verursacht durch schlechte menschliche Beispiele, für manchen von uns einen herben Beigeschmack. Wir hören vielleicht sofort unterdrücken, diktieren, ausbeuten. Orientieren wir uns aber an Gottes Vorbild des Herrschens, so ist damit eher *Fürsorge*, *Pflege* und weises *Zuteilen* und *Behüten* verbunden. Das Herrschen hat hier vor allem auch zu tun mit *Verantwortung übernehmen.* Was mir in die Hände gelegt ist, das kann ich gebrauchen und gestalten; ich übernehme dafür aber auch Verantwortung. So sind Ehepaare dazu eingesetzt, ihre Verantwortung in Erziehung und Heranbildung anderer, ihnen anvertrauter Menschen, wahrzunehmen. Darin liegt eine zweite, wesentliche Aufgabe, die natürlich auch mit der ersten sehr stark verbunden ist. Für das, was ein Ehepaar „in die Welt setzt“ oder eben auch heranwachsen lässt, soll es Verantwortung übernehmen. Das Ehepaar hat es ein Stück weit in der Hand, in welche Richtung sich ihnen anvertraute

[26] Luther, a.a.O. S. 59.

Menschen oder Werke entwickeln. Das wiederum ist eine sehr vornehme Aufgabe – im wahrsten Sinne des Wortes eine verantwortungsvolle Aufgabe – die in tiefster Konsequenz auch nur wieder jene wahrnehmen können, die sich selbst in verantwortlicher Treue zur Seite stehen und einander Hilfe sind.

3.4 Wege zur Aufrechterhaltung der Ehe

Gerade in unserer Zeit könnten Stimmen laut werden, die uns weis machen wollen, die Ehe als solche habe keine Zukunft mehr, der Mensch habe sich eben anders entwickelt und sei anders veranlagt. Es könnten sich Alternativen anbieten, die vielleicht eine „Lebensgemeinschaft auf Zeit“ darstellen und nicht mehr das Problem der Ehescheidung kennen, weil es gar nie eine Eheschließung gegeben hat. Diese Tendenzen, die möglicherweise aus einer Angst vor einer definitiven Bindung oder negativen Erfahrungen im eigenen Umfeld entspringen, sind heute sehr stark spürbar. Vielleicht geht es auch um die eigene sogenannte Freiheit, die man nicht verlieren will. Wir können es drehen wie wir wollen: Solche Intentionen sind bestimmt nicht gottgewollt. Vielmehr sollten wir zur Aufrechterhaltung der Ehen in unserer Zeit auf die Möglichkeiten hinweisen, die uns als Glieder der Gemeinde Jesu gegeben sind. Darum soll es in diesem Abschnitt noch gehen.

Die Bedrohung der Ehe geschieht heute auf zweierlei Weise. Einerseits stellen wir die eben beschriebene Abwertung der Ehe fest, oder wie wir vielleicht treffender bemerken können: die Ehe ist nur *eine* von verschiedenen möglichen Lebensformen geworden. Wenn heute jemand nicht in der Ehe lebt und trotzdem seinen geschlechtlichen Bedürfnissen als Mann oder Frau nachkommt, so wird sein Tun nicht allgemein minder gewertet, als wenn sich jemand zum Ehestand entschließt. Dementsprechend hat sich natürlich auch die Gesetzgebung angepasst und passt sich mit dem Bemühen um eine Anerkennung gleichgeschlechtlicher Partnerschaften weiter an. Das ist die äußere Bedrohung der Ehe. Andererseits erfährt die Ehe auch eine Bedrohung von *innen.* Gerade durch die gesellschaftlichen Tendenzen wird die Ehe nicht mehr als etwas Absolutes, Festes, Unauflösliches gesehen. Die Bereitschaft, eine einmal eingegangene Ehe angesichts von Schwierigkeiten wieder aufzulösen, ist heute viel größer geworden, als sie noch vor ein paar Jahren war. In Deutschland ist gegenüber 1960 die Zahl der Ehescheidungen im Jahre 2005 um das ca. 4,8 fache gestiegen. Im Jahr 2017 ist es allerdings „nur" noch das ca. 3, 5 fache. Allerdings ist auch die Zahl der Eheschliessungen drastisch zurückgegangen. Waren es 1960 noch rund 689'000 so waren es 2017 lediglich noch rund 407'500.[27] Angesichts solcher Tendenzen liegt eine Ehescheidung leider auch für Christen nicht mehr außerhalb des Denkbaren, und die Bereitschaft zur Aufrechterhaltung der Ehe ist nicht mehr unbedingt gegeben. Umso schwieriger wird es auch, die Ehe als die einzige von Gott gewollte Lebensform der Geschlechter zu behaupten und vor der Gesellschaft zu vertreten.

Was ist für uns Christen nun zu beachten, damit eine Ehe *Bestand* haben kann oder eben *heil* wird, da auch sie, dadurch dass sie von Menschen gelebt wird, von der Sünde gezeichnet ist? Zuerst einmal muss die Ehe in der von der Bibel gebotenen *Ordnung* gelebt werden, die bestimmt wird durch lieben, ehren und unterordnen (vgl. Eph 5). Die viel diskutierte und oft in Frage gestellte Unterordnung der Frau unter den Mann wird in das richtige Verhältnis gestellt durch die zuvor ergangene Anweisung, sich *einander* unterzuordnen (grch. *hypotasso*). Nur wo zuerst die *gegenseitige* Unterordnung

[27] Internetquelle: de.statista.com

stattgefunden hat, kann sich die Frau ihrerseits wieder ihrem Mann unterordnen. Dies darf auch nie eine Forderung des Mannes gegenüber der Frau sein, sondern die Frau soll dies aus der Erkenntnis des Wortes heraus freiwillig und im Gehorsam gegenüber dem Herrn der Gemeinde (und nicht dem eigenen Mann) tun. Diese Stellung soll meiner Meinung nach jedoch so verstanden werden, dass sie auf funktionalen Unterschieden besteht, d.h. auf unterschiedlichen Aufgaben in der Ehe, nicht aber auf einer gesellschaftlichen Rangordnung. Es geht auch hier um die Haupt-/Leib-Funktionalität. Das Haupt hat eine andere Aufgabe als z.B. die Hand, und doch brauchen die beiden einander. So wie das Haupt auf den Leib angewiesen ist und umgekehrt, so sind auch Mann und Frau aufeinander angewiesen und können einander nur in der Ergänzung das geben, wozu sie fähig sind. Es geht niemals um den *Wert* des Mannes oder der Frau. Vor Gott sind sie beide gleich und brauchen einander (1. Korinther 11, 11). Das Beachten dieser von Gott eingesetzten Ordnung ist eine Voraussetzung für eine gelingende Ehe.

Ein weiteres Prinzip ist die *Vergebung*. Mann und Frau sind in der Ehe auf gegenseitige Vergebung angewiesen, da Verletzungen nicht ausbleiben werden. Das Vorbild ist und bleibt auch hier Christus. Er hat alles für die Gemeinde eingesetzt (Epheser 5, 25). Auch für ein Ehepaar gibt es nie den Punkt, an dem keine Vergebung mehr möglich ist, sondern sie wird siebzigmal siebenmal (vgl. Matthäus 18, 22) gegeben.

Gleich wichtig wie die immer wiederkehrende Vergebung ist das stete *Festhalten* an dem von Gott gelegten Grund. Auch in den tiefsten Schwierigkeiten soll sich das Ehepaar gewiss sein, dass es von Gott zusammengefügt wurde und ihre Ehe im Himmel geschlossen ist. Auch wenn die Umstände noch so aussehen könnten, dass die beiden wirklich nicht zusammengehörten, so soll auch hier der *Glaube* an die Zusammengehörigkeit die Brücke sein, die beide miteinander verbindet. *„Es gibt jedenfalls kein noch so angefochtenes und vielleicht nach seiner eigenen Überzeugung noch so unzusammengehöriges Paar, dem es nicht erlaubt und geboten wäre, eben das zu tun, ohne das ja auch das vermeintlich glücklichste Paar ohne sichere Gewähr seines Bundes sein müsste: zu glauben, dass Gott es – in vielleicht sehr verborgener Weise – dennoch zusammengefügt haben möchte, und in diesem Glauben danach auszuschauen, ob es nicht auch Indizien dafür geben möchte, dass seine Krankheit endlich und zuletzt dennoch geheilt werden, seine Ehe also dennoch Dauer haben könnte."*[28] Wenn Barth hier von *Krankheit* spricht, so darf von dem Ehepaar auch an *Heilung* geglaubt werden. Aber eben, es muss dieser Glaube da sein, der nicht aufgibt. Es kann durchaus geboten sein, dass dazu Hilfe von außen in Anspruch genommen wird, jedoch immer in dem Bewusstsein, dass Heilung letztlich nur von dem kommen kann, der dieser Ehe ihren Grund gelegt hat. Das von den Eheleuten einander am Beginn ihrer Ehe und immer wieder zugesprochene Ja beinhaltet auch Gottes Ja zu ihrer Ehe. Als Gläubige haben wir uns immer zuerst an Gottes Verheißung zu halten, so auch hier. Das Ja Gottes kommt immer vor dem Nein Gottes. [29]

[28] Barth, a.a.O. S. 234.
[29] vgl. Barth, ebd. S. 236

4. Die Ehe finden

Ein Geheimnis der Ehe ist es und wird es immer bleiben, dass sie zuallererst nicht mit dem Gebot zu tun hat, sondern mit der freien und erwählenden Liebe zwischen einem Mann und einer Frau. So wie die Beziehung Gott – Mensch in der Liebe und nicht im Gebot begründet ist, so ist es auch die Beziehung eines Ehepaares zueinander. Das Gebot kann und will zu diesem Schritt eine Ermunterung und *Hilfe* sein, nicht aber Grund und Anlass. Es zeigt was richtig ist, solange es nicht gefunden wurde. Auch bei Barth finden wir die Aussage, dass die Begründung der Ehe in der Liebe durch keine andere ersetzt werden kann.[30] Ein Mann und eine Frau finden sich, sie finden ihre Liebe, und sie finden schließlich die Ehe als die Form ihres Zusammenlebens, die als einzige nur die der Liebe entsprechende Form sein kann. Es ist also ein zweiteiliges Finden: das der Ehegatten in ihrer gegenseitigen Liebe und das Finden der Ehe als der einzigen angemessenen und wahren Ausdrucksweise des ersten Findens. Eine der schönsten und zugleich treffendsten Beschreibungen des Wesens der Ehe, habe ich bei Barth gefunden: *„Nicht die Gesellschaft, nicht der Staat und auch nicht die Kirche hat die lebenslängliche Ehe erfunden, sondern sie haben die Ehe gefunden in dieser Wahrheit, neben der es keine andere gibt: in der Wahrheit, die die institutionsmäßig lebenslängliche Ehe in ihrer ganzen Äußerlichkeit und Problematik nur eben von ferne und sehr inadäquat zum Ausdruck bringen kann. Es ist das Wesen der Liebe und der Ehe, das nach deren Dauer ruft. "*[31] Die von Gott erdachte Form der Ehe wurde gefunden, weil sie wahr ist. Nur sie kann Antwort sein auf echt gemeinte und gelebte Liebe.

---

[30] Barth, a.a.O. S. 245.
[31] Barth, a.a.O. S. 231.

Literaturverzeichnis

BARTH, Karl: *Die Kirchliche Dogmatik III/4: Die Lehre von der Schöpfung.* 2. Auflage. Zollikon-Zürich: Evangelische Verlags A.G., 1957.

BOCKMÜHL, Klaus: *Christliche Lebensführung: Eine Ethik der Zehn Gebote.* Gießen: Brunnen-Verlag, 1999.

BURKHARDT, Helmut: *Einführung in die Ethik: Grund und Norm sittlichen Handelns.* Gießen; Basel: Brunnen-Verlag, 1996.

COCHLOVIUS, J.: Ehe. In: BURKHARDT, Helmut u.a. (Hrsg.): *Evangelisches Lexikon für Theologie und Gemeinde.* Band 1. 2. Auflage. Wuppertal: R. Brockhaus, 1998.

HUNTEMANN, Georg: *Biblisches Ethos im Zeitalter der Moralrevolution.* Neuhausen/Stuttgart: Hänssler-Verlag, 1995.

LA SOR, W.S. u.a.: *Das Alte Testament: Entstehung – Geschichte – Botschaft.* 3. Auflage. Gießen; Basel: Brunnen-Verlag, 1992.

LUTHER, Martin: *Der große Katechismus.* 2. Auflage. Gütersloh: Kaiser-Verlag, 1998.

WHEAT, Ed: *Liebe ist Leben: Ein Lehrbuch für Verheiratete und Verlobte.* 4. Taschenbuchauflage. Asslar: Verlag Klaus Gerth, 1993.

Bibelübersetzungen

Lutherbibel (1984).

Einheitsübersetzung.

Internetquelle

https://de.statista.com/ – Elektronische Ressource

Printed by Books on Demand GmbH, Norderstedt / Germany